1,000

French Words

la pieuvre
octopus

Berlitz Kids™
Berlitz Publishing Company, Inc.

Princeton   Mexico City   London
Eschborn   Singapore

Table of Contents

La famille
The family

l'oncle
uncle

le papa
dad

la maman
mom

la tante
aunt

sourire
to smile

le bébé
baby

l'appareil photo
camera

le grand-père
grandpa

la grand-mère
grandma

le fils
son

la fille
daughter

le chien
dog

4

l'homme
man

la dame
woman

le collier
necklace

le bracelet
bracelet

le mari
husband

la femme
wife

la barbe
beard

étreindre
to hug

la montre
watch

la bague
ring

la soeur
sister

le frère
brother

la fille
girl

le chiot
puppy

le chaton
kitten

le garçon
boy

Dans la cuisine
In the kitchen

la vaisselle
dishes

le placard
cupboard

le téléphone
telephone

le four
oven

le micro-ondes
microwave oven

rôtir
to roast

cuire au four
to bake

le tablier
apron

faire la vaisselle
to wash the dishes

le lait
milk

mélanger
to mix

renverser
to spill

le saladier
bowl

le sucre
sugar

le verre-doseur
measuring cup

la farine
flour

le miel
honey

la casserole
pot

la poêle à frire
frying pan

brûlé
burnt

le grille-pain
toaster

le pain grillé
toast

le biscuit
cookie

le congélateur
freezer

cuisiner
to cook

sentir
to smell

le fromage
cheese

bouillir
to boil

le jus d'orange
orange juice

l'oeuf
egg

la nourriture
food

la cuisinière
stove

le beurre
butter

le réfrigérateur
refrigerator

Dans le salon
In the living room

le tableau
picture

la porte
door

la photo
photograph

le casque
headphones

le lecteur de CD
CD player

chanter
to sing

le piano
piano

jouer
to play

le magnétophone
tape player

la cassette
cassette tape

le disque compact
compact disk

le vase
vase

le rideau
curtain

la cage à oiseaux
birdcage

le chat
cat

la plante
plant

la télévision
television

l'étagère de livres
book shelf

le magnétoscope
VCR

la table basse
coffee table

le journal
newspaper

le lampadaire
lamp

le canapé
couch

le fauteuil
chair

le magazine
magazine

le tapis
carpet

9

Dans la chambre à coucher

In the bedroom

le bureau
desk

le poster
poster

le chausson
slipper

la poupée
doll

la chaise
chair

allumé
on

le pyjama
pajamas

la musique
music

la radio
radio

la lampe
light

la commode
dresser

la couverture
blanket

le drap
sheet

l'animal en peluche
stuffed animal

le mur
wall

l'interrupteur
light switch

la penderie
clothes hanger

la fenêtre
window

le placard
closet

la bande-dessinée
comic book

éteint
off

les jouets
toys

la chaussette
sock

le réveille-matin
alarm clock

le tiroir
drawer

dormir
to sleep

le lit
bed

l'oreiller
pillow

11

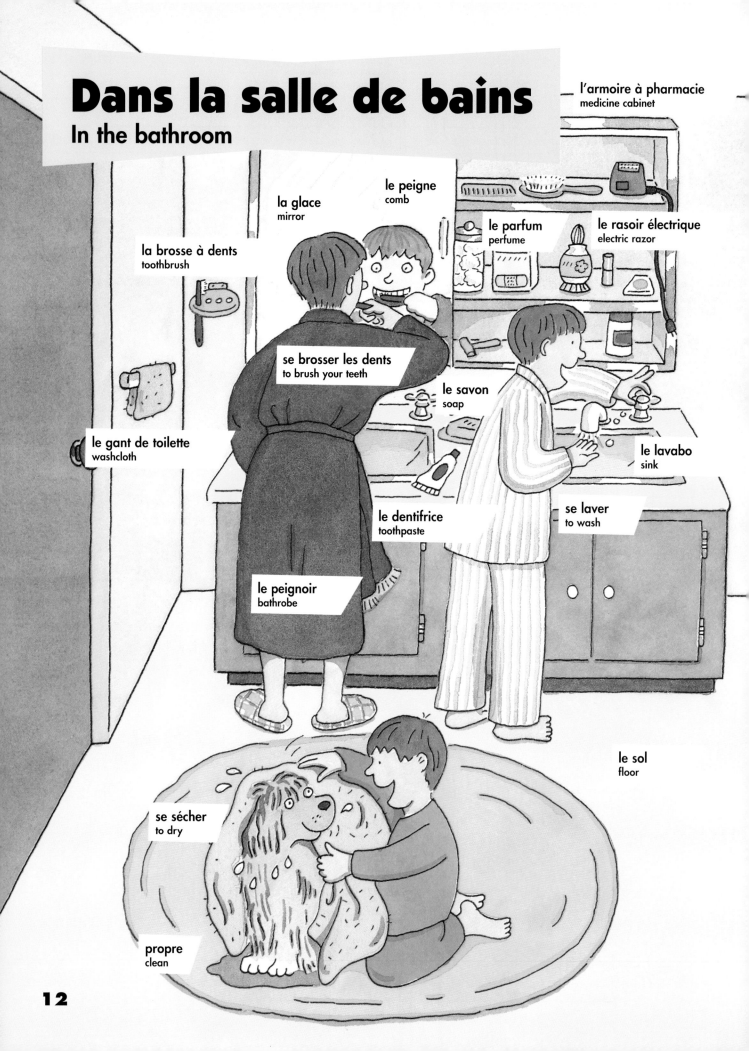

Dans la salle de bains
In the bathroom

l'armoire à pharmacie
medicine cabinet

le peigne
comb

la glace
mirror

le parfum
perfume

le rasoir électrique
electric razor

la brosse à dents
toothbrush

se brosser les dents
to brush your teeth

le savon
soap

le gant de toilette
washcloth

le lavabo
sink

se laver
to wash

le dentifrice
toothpaste

le peignoir
bathrobe

le sol
floor

se sécher
to dry

propre
clean

12

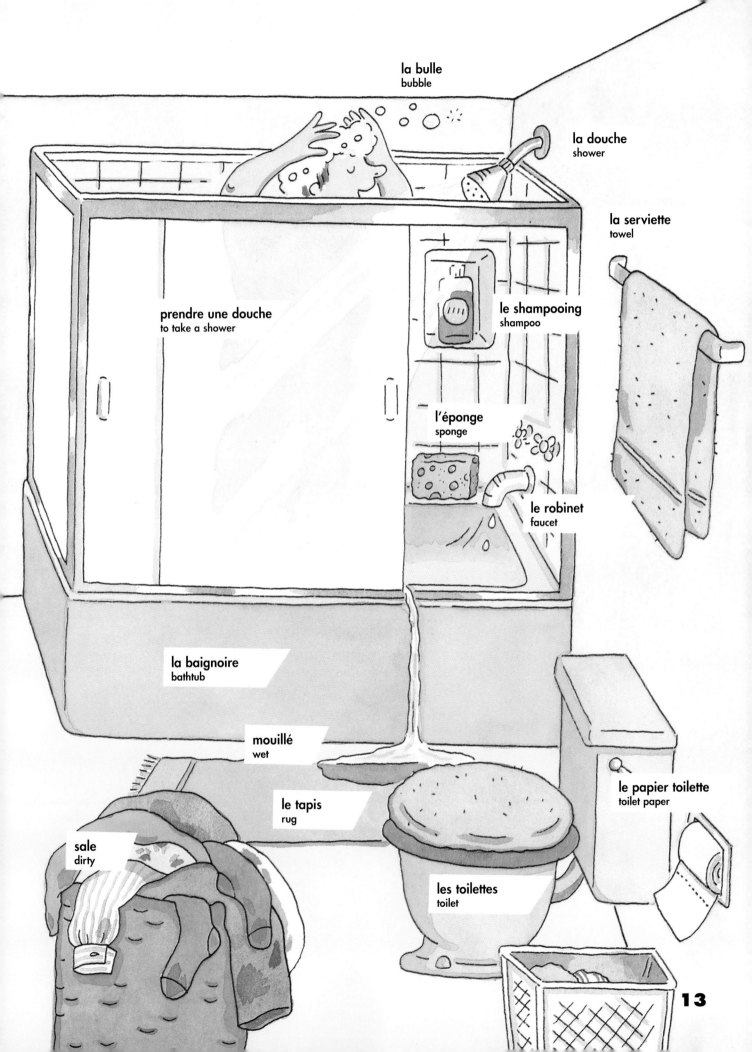

la bulle
bubble

la douche
shower

la serviette
towel

le shampooing
shampoo

prendre une douche
to take a shower

l'éponge
sponge

le robinet
faucet

la baignoire
bathtub

mouillé
wet

le papier toilette
toilet paper

le tapis
rug

sale
dirty

les toilettes
toilet

13

Dans l'atelier
In the workshop

la serrure
lock

le râteau
rake

la perceuse
drill

le trou
hole

la vis
screw

l'escalier
stairs

le pot de fleurs
flowerpot

la roue
wheel

réparer
to repair

la bicyclette
bicycle

la pince
pliers

le cadenas
padlock

la clé
key

la boîte à outils
toolbox

14

la règle
ruler

les outils
tools

l'aspirateur
vacuum

la prise électrique
electric socket

la clé anglaise
wrench

le marteau
hammer

aïe !
ouch!

le tournevis
screwdriver

la scie
saw

le clou
nail

15

La fête d'anniversaire
The birthday party

donner
to give

danser
to dance

le jeu
game

le ballon
balloon

les dés
dice

le couteau
knife

l'assiette
plate

le bonbon
candy

la cuiller
spoon

la fourchette
fork

le caméscope
video camera

la bougie
candle

le gâteau
cake

souffler
to blow

le noeud
bow

le cadeau
present

la carte d'anniversaire
birthday card

le sourire
smile

ouvrir
to open

le ruban
ribbon

déballer
to unwrap

le papier cadeau
wrapping paper

17

Au centre commercial
At the shopping center

vers la droite
right

vendre
to sell

vers la gauche
left

la chaussure de sport
sneaker

la chaussure
shoe

la monnaie
change

remonter la fermeture éclair
to zip up

l'argent
money

acheter
to buy

le chemisier
blouse

la robe
dress

le sac à main
purse

le prix
price

la jupe
skirt

la cravate
tie

le chapeau
hat

le costume
suit

la ceinture
belt

le portefeuille
wallet

les lunettes
glasses

la poche
pocket

le jean
jeans

vers le haut
up

vers le bas
down

la vendeuse
store clerk

le client
customer

essayer
to try on

le pantalon
pants

le tee-shirt
T-shirt

les soldes
bargain

le short
shorts

la chemise
shirt

Au supermarché
At the supermarket

l'oignon
onion

la laitue
lettuce

la pastèque
watermelon

la tomate
tomato

le chou
cabbage

la poire
pear

le citron
lemon

la prune
plum

le chou-fleur
cauliflower

l'orange
orange

le brocoli
broccoli

l'ail
garlic

la pomme
apple

la banane
banana

le céleri
celery

le poivron vert
green pepper

le raisin
grape

l'ananas
pineapple

la carotte
carrot

la cerise
cherry

le légume
vegetable

le fruit
fruit

payer
to pay

la viande
meat

le yaourt
yogurt

le poisson
fish

le haricot
bean

le rayon
shelf

l'allée
aisle

les céréales
cereal

le riz
rice

le caddie
shopping cart

le sac
bag

Au restaurant
In the restaurant

le pain
bread

trébucher
to trip

les spaghettis
spaghetti

le poulet
chicken

avoir faim
to be hungry

la bouteille
bottle

le dîner
dinner

la table
table

la serveuse
waitress

le biscuit salé
cracker

chaud
hot

boire
to drink

la salade
salad

le verre
glass

la serviette
napkin

la soupe
soup

l'eau
water

22

la nappe tablecloth

le café coffee

le dessert dessert

partager to share

verser to pour

la carte menu

la tasse cup

le serveur waiter

le poivre pepper

manger to eat

mettre to put

couper to cut

le sel salt

la pizza pizza

Dans la salle de classe
In the classroom

le tableau d'affichage
bulletin board

la colle
glue

le livre
book

l'ordinateur
computer

le pastel
crayon

le calendrier
calendar

le stylo
pen

le dictionnaire
dictionary

lire
to read

le maître
teacher

le nombre
number

les devoirs
homework

l'élève
student

l'élève
student

le tableau noir
chalkboard

les mathématiques
math

diviser
to divide

multiplier
to multiply

additionner
to add

soustraire
to subtract

penser
to think

le globe
globe

l'effaceur de tableau
eraser

la craie
chalk

le crayon-feutre
marker

l'agrafeuse
stapler

demander
to ask

enseigner
to teach

la calculatrice
calculator

la trousse
pencil case

le cahier
notebook

le crayon
pencil

le taille-crayon
pencil sharpener

le sac à dos
backpack

25

Au zoo
At the zoo

léger
light

lourd
heavy

l'hippopotame
hippopotamus

le crocodile
crocodile

l'alligator
alligator

l'éléphant
elephant

le guide
guide

fort
strong

le gorille
gorilla

se suspendre
to hang

atteindre
to reach

gratter
to scratch

grimper
to climb

les singes
monkeys

le chimpanzé
chimpanzee

26

l'ours polaire
polar bear

le léopard
leopard

l'ours
bear

le rhinocéros
rhinoceros

la queue
tail

le gardien
de zoo
zoo keeper

le tigre
tiger

la corne
horn

prendre des photos
to take photos

le zèbre
zebra

la girafe
giraffe

rugir
to roar

la gazelle
gazelle

le lion
lion

l'animal
animal

la lionne
lioness

l'autruche
ostrich

le lionceau
cub

27

Au parc
In the park

le panier de pique-nique
picnic basket

jouer à cache-cache
to play hide and seek

la fourmi
ant

les chips
potato chips

la citronnade
lemonade

l'écureuil
squirrel

le pique-nique
picnic

le sandwich
sandwich

la table de pique-nique
picnic table

l'abri pour les oiseaux
birdhouse

la noix
nut

éternuer
to sneeze

le buisson
bush

le sentier
path

les patins à roulettes
roller skates

28

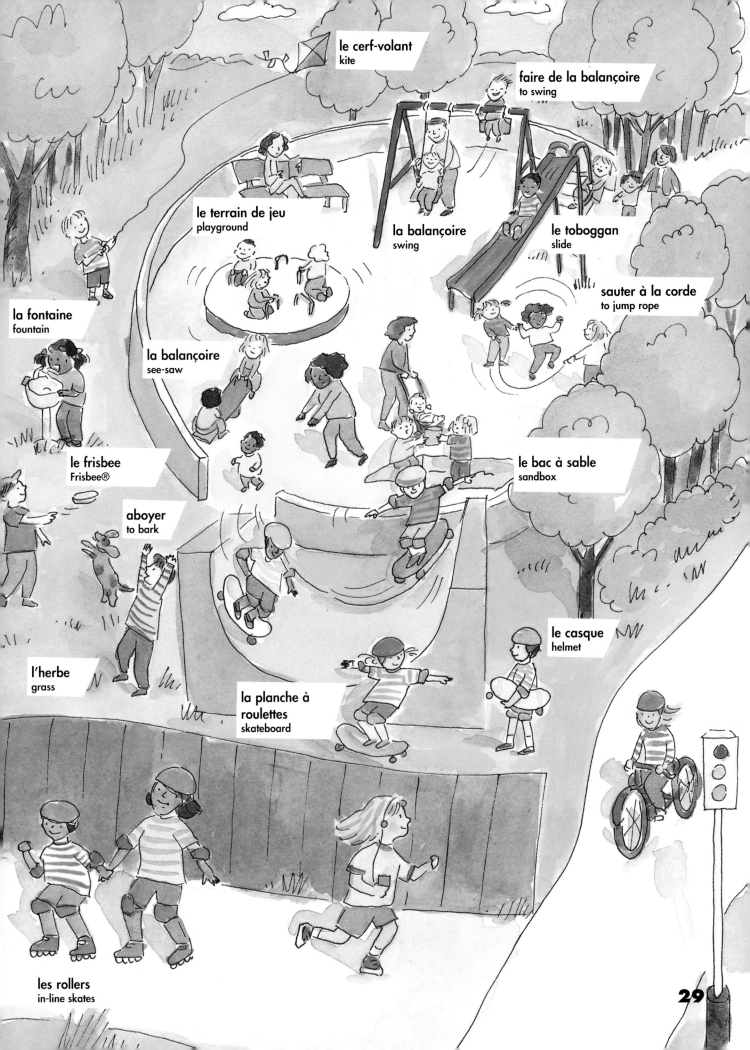

le cerf-volant
kite

faire de la balançoire
to swing

le terrain de jeu
playground

la balançoire
swing

le toboggan
slide

sauter à la corde
to jump rope

la fontaine
fountain

la balançoire
see-saw

le frisbee
Frisbee®

le bac à sable
sandbox

aboyer
to bark

le casque
helmet

l'herbe
grass

la planche à
roulettes
skateboard

les rollers
in-line skates

29

Dans le parc d'attractions
At the amusement park

le cirque
circus

les montagnes russes
roller coaster

le clown
clown

le magicien
magician

étourdi
dizzy

le fantôme
ghost

le tunnel de l'amour
tunnel of love

le coeur
heart

le monstre
monster

la maison hantée
haunted house

le concert
concert

la chanteuse
singer

les haut-parleurs
loudspeakers

le micro
microphone

l'arc
bow

la cible
target

la flèche
arrow

le manège
carousel

haut
high

la grande-roue
Ferris wheel

bas
low

la marionnette
puppet

la barbe à papa
cotton candy

le billet
ticket

la file
line

31

À l'hôpital
In the hospital

le médicament
medicine

le docteur
doctor

l'infirmière
nurse

le fauteuil roulant
wheelchair

l'ambulance
ambulance

l'ascenseur
elevator

le plâtre
cast

la civière
stretcher

la bande
bandage

32

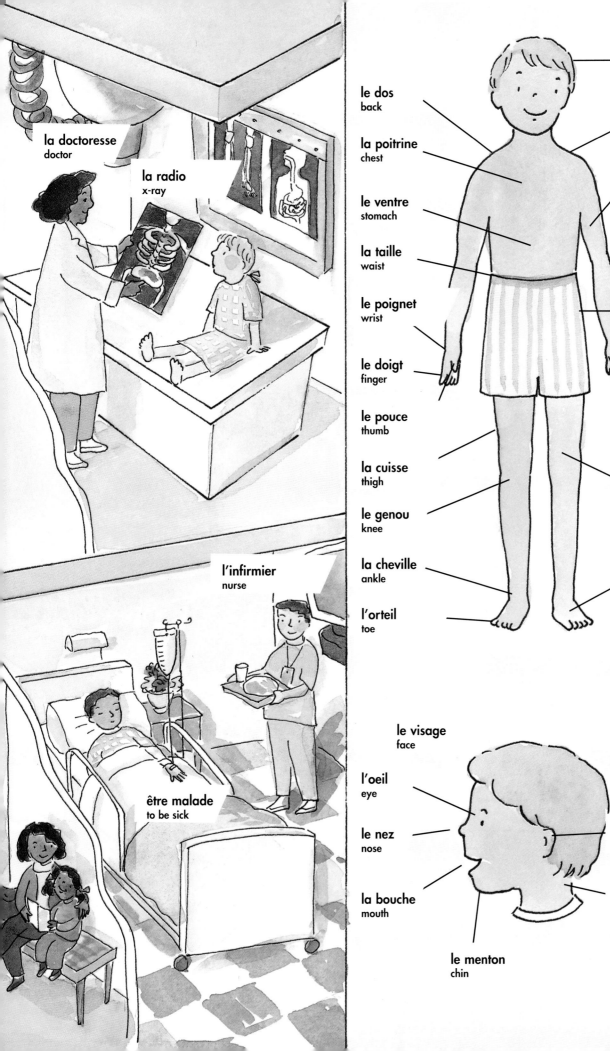

la doctoresse
doctor

la radio
x-ray

l'infirmier
nurse

être malade
to be sick

le dos
back

la poitrine
chest

le ventre
stomach

la taille
waist

le poignet
wrist

le doigt
finger

le pouce
thumb

la cuisse
thigh

le genou
knee

la cheville
ankle

l'orteil
toe

la tête
head

l'épaule
shoulder

le bras
arm

le coude
elbow

la hanche
hip

la main
hand

la jambe
leg

le pied
foot

le visage
face

l'oeil
eye

le nez
nose

la bouche
mouth

l'oreille
ear

le cou
neck

le menton
chin

Au musée
At the museum

l'étoile
star

la Terre
Earth

l'astronaute
astronaut

la fusée
rocket

blanc
white

la lune
moon

le gardien
guard

marron
brown

le dinosaure
dinosaur

le squelette
skeleton

bleu clair
light blue

l'art
art

le tableau
painting

pourpre
purple

rose
pink

noir
black

orange
orange

les pois
polka dots

rouge
red

les rayures
stripes

vert
green

bleu foncé
dark blue

gris
gray

la sculpture
sculpture

jaune
yellow

la sortie
exit

la pyramide
pyramid

l'exposition
exhibit

l'entrée
entrance

la momie
mummy

35

À la plage
At the beach

le phare
lighthouse

l'île
island

la vague
wave

la planche de surf
surfboard

éclabousser
to splash

le masque de plongée
diving mask

le tuba
snorkel

les palmes
fins

nager
to swim

le ballon
ball

la lotion solaire
suntan lotion

se détendre
to relax

la boisson
drink

le coquillage
seashell

jouer
to play

le pistolet à eau
water gun

la sandale
sandal

les lunettes
de soleil
sunglasses

la glacière
cooler

36

le soleil
sun

le bateau à voile
sailboat

le palmier
palmtree

la mouette
seagull

plonger
to dive

le rocher
rock

le château de sable
sand castle

le maillot de bain
swimsuit

le sable
sand

le seau
bucket

le volley-ball
volleyball

le surveillant de baignade
lifeguard

le filet
net

37

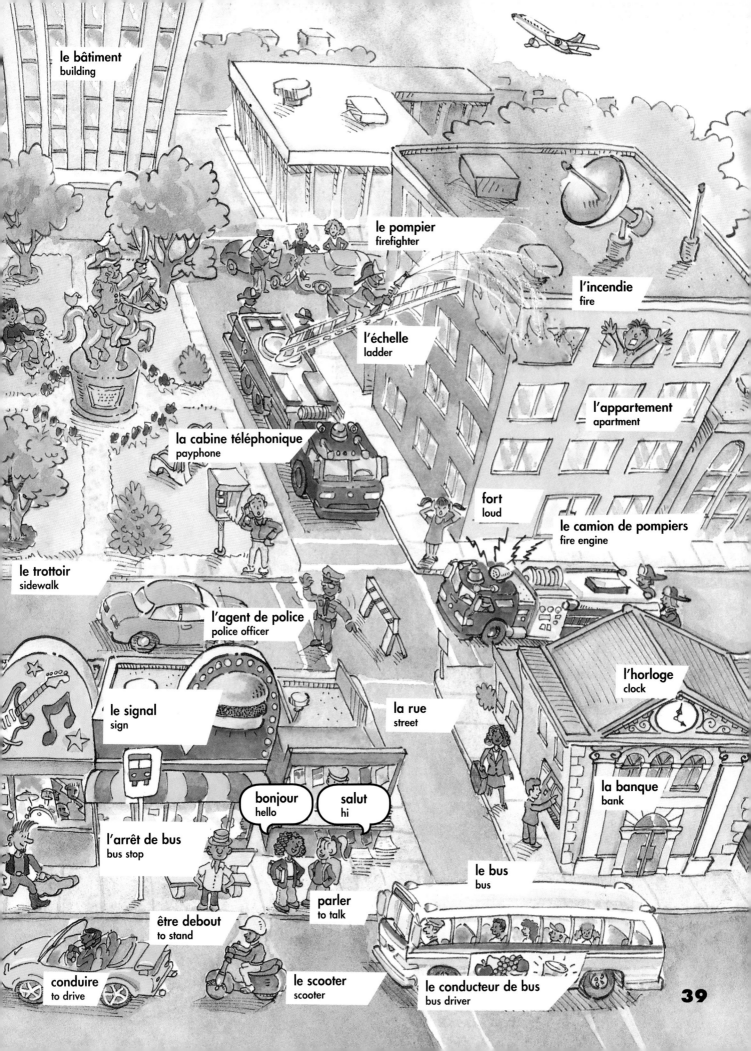

le bâtiment
building

le pompier
firefighter

l'incendie
fire

l'échelle
ladder

l'appartement
apartment

la cabine téléphonique
payphone

fort
loud

le camion de pompiers
fire engine

le trottoir
sidewalk

l'agent de police
police officer

l'horloge
clock

le signal
sign

la rue
street

la banque
bank

bonjour
hello

salut
hi

l'arrêt de bus
bus stop

le bus
bus

parler
to talk

être debout
to stand

conduire
to drive

le scooter
scooter

le conducteur de bus
bus driver

39

La ville
The town

le toit
roof

la maison
house

l'épicerie
grocery store

le défilé
parade

la poubelle
garbage can

peindre
to paint

le pinceau
paintbrush

le peintre
painter

la dent
tooth

le dentiste
dentist

les ciseaux
scissors

le salon de coiffure
barbershop

la coupe de cheveux
haircut

le coiffeur
barber

la mairie
town hall

le drapeau
flag

la poste
post office

la lettre
letter

la fanfare
band

la boîte aux lettres
mailbox

arrêter
to stop

la moto
motorcycle

le banc
bench

la glace
ice cream

le chocolat chocolate
la vanille vanilla
la fraise strawberry

le cinéma
movie theater

le film
movie

le glacier
ice cream shop

41

La campagne
The countryside

nuageux
cloudy

l'éclair
lightning

l'orage
storm

pleuvoir
to rain

la pluie
rain

la cabane
cabin

le vent
wind

la feuille
leaf

le parapluie
umbrella

l'arbre
tree

l'imperméable
raincoat

42

le nuage
cloud

l'arc-en-ciel
rainbow

la montagne
mountain

le tunnel
tunnel

le pont
bridge

le train
train

le papillon
butterfly

le lapin
rabbit

la rivière
river

le renard
fox

la colline
hill

le champ
field

l'oiseau
bird

la fleur
flower

43

À la ferme
At the farm

le berger
shepherd

le mouton
sheep

l'agneau
lamb

la chèvre
goat

le poulain
colt

le cheval
horse

le veau
calf

le taureau
bull

la vache
cow

la clôture
fence

la grenouille
frog

le canard
duck

le puits
well

l'étang
pond

l'oie
goose

l'écurie
stable

le cochon
pig

la selle
saddle

le foin
hay

monter à cheval
to ride

44

le fermier
farmer

le tracteur
tractor

l'épouvantail
scarecrow

le blé
wheat

le maïs
corn

le jardin
garden

la jardinière
gardener

le tuyau
d'arrosage
hose

la grange
barn

le dindon
turkey

le coq
rooster

le poulailler
chicken coop

la souris
mouse

la poule
hen

le tonneau
barrel

45

Le camping
Camping

l'aigle
eagle

le porc-épic
porcupine

le cerf
deer

la cascade
waterfall

les jumelles
binoculars

le nid
nest

le castor
beaver

la casquette
cap

la lampe de poche
flashlight

la carte
map

la canne
walking stick

la tente
tent

le serpent
snake

le sac de couchage
sleeping bag

le putois
skunk

la fumée
smoke

les allumettes
matches

le raton laveur
raccoon

le barbecue
grill

le feu de camp
campfire

le sentier
trail

47

Les sports d'hiver
Winter sports

le pull-over
sweater

casser
to break

tomber
to fall

skier
to ski

la neige
snow

le bonhomme de neige
snowman

les lunettes
goggles

applaudir
to clap

l'anorak
jacket

les skis
skis

les bottes
boots

la pelle
shovel

48

crier
to shout

la luge
sled

les gants
gloves

le monoski
snowboard

l'écharpe
scarf

les moufles
mittens

la boule de neige
snowball

avoir froid
to be cold

le manteau
coat

la glace
ice

la cage
goal

le gardien de but
goalie

faire du patin à glace
to ice skate

la crosse de hockey
hockey stick

les patins à glace
ice skates

le joueur de hockey
hockey player

le palet
puck

49

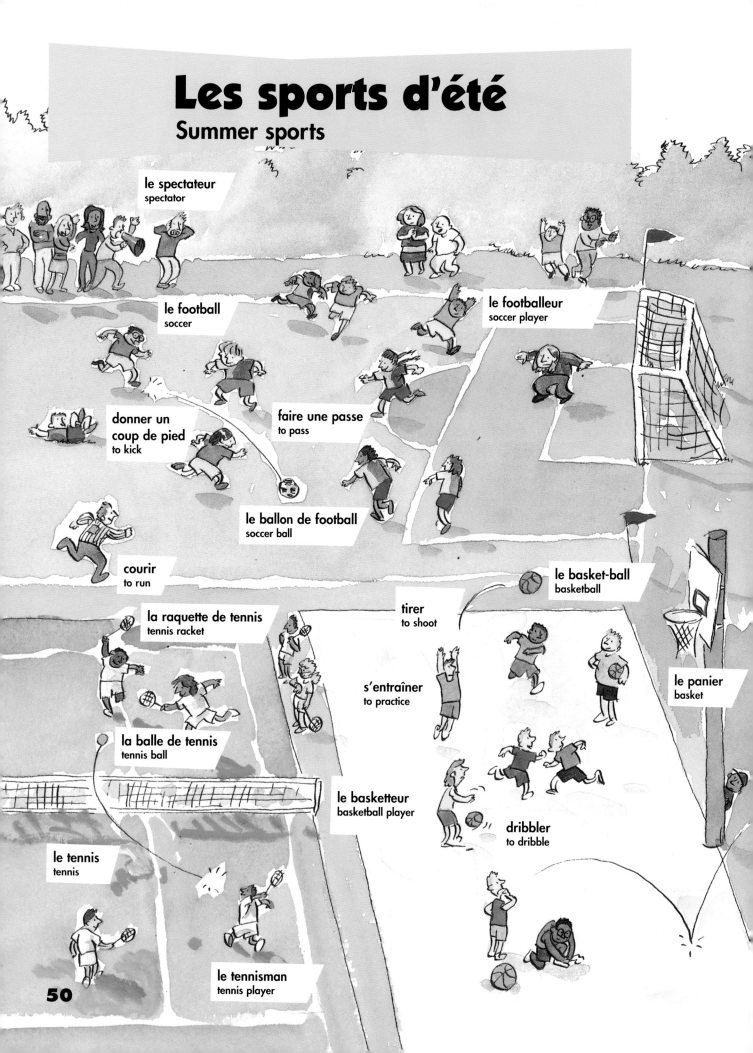

Les sports d'été
Summer sports

le spectateur
spectator

le football
soccer

le footballeur
soccer player

donner un
coup de pied
to kick

faire une passe
to pass

le ballon de football
soccer ball

courir
to run

le basket-ball
basketball

la raquette de tennis
tennis racket

tirer
to shoot

s'entraîner
to practice

le panier
basket

la balle de tennis
tennis ball

le basketteur
basketball player

dribbler
to dribble

le tennis
tennis

le tennisman
tennis player

le plongeoir
diving board

la bouée de
sauvetage
life preserver

la piscine
swimming pool

le base-ball
baseball

lancer
to throw

attraper
to catch

frapper
to hit

la batte de base-ball
baseball bat

le gant de base-ball
baseball glove

l'entraîneur
coach

la base
base

le joueur de base-ball
baseball player

l'équipe
team

51

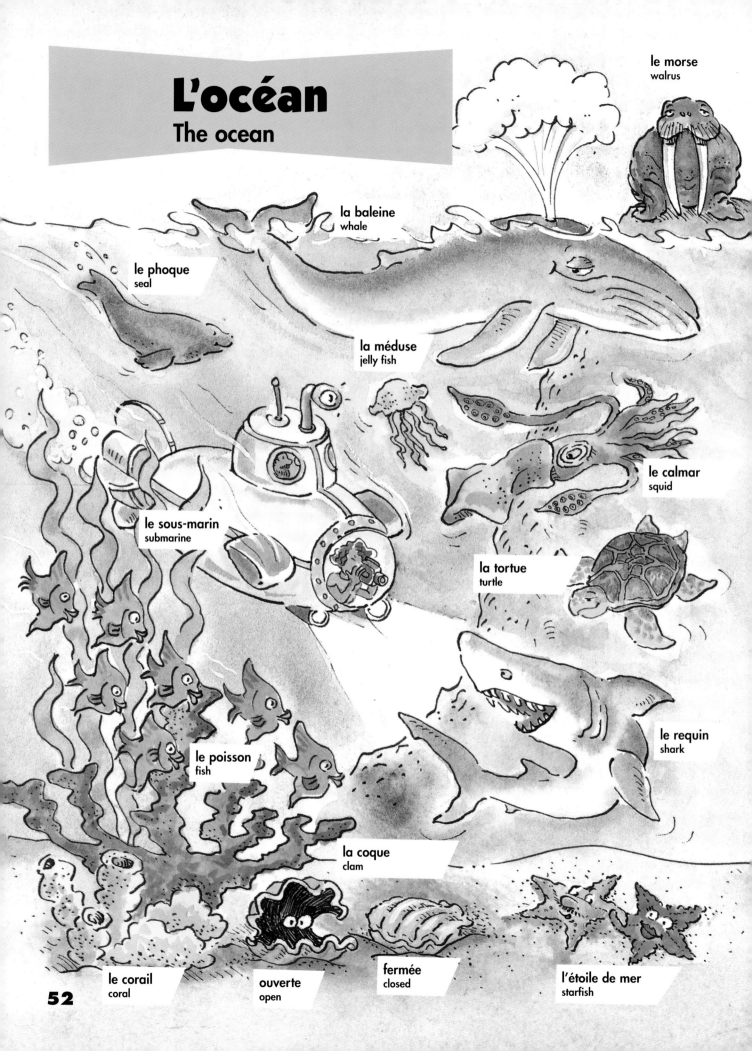

L'océan
The ocean

le morse
walrus

la baleine
whale

le phoque
seal

la méduse
jelly fish

le calmar
squid

le sous-marin
submarine

la tortue
turtle

le requin
shark

le poisson
fish

la coque
clam

le corail
coral

ouverte
open

fermée
closed

l'étoile de mer
starfish

52

le dauphin
dolphin

ensoleillé
sunny

le pêcheur
fisherman

pêcher
to fish

le thon
tuna fish

le ver
worm

l'hippocampe
seahorse

le crabe
crab

faire de la plongée
sous-marine
to scuba dive

l'homme-grenouille
scuba diver

l'espadon
swordfish

le trésor
treasure

la grotte
cave

brillant
shiny

le homard
lobster

la pieuvre
octopus

53

Dans la forêt enchantée
In the enchanted forest

la forêt
forest

la chouette
owl

le balai
broom

la sorcière
witch

le loup
wolf

le dragon
dragon

belle
beautiful

beau
handsome

le prince
prince

la princesse
princess

54

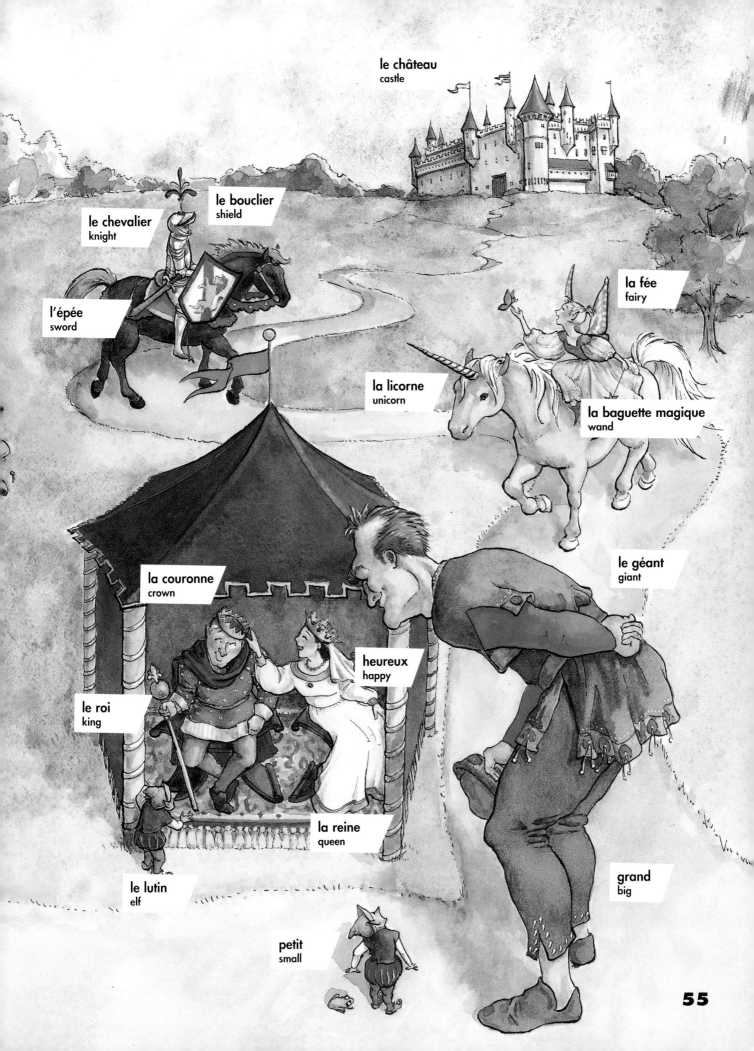

le château
castle

le bouclier
shield

le chevalier
knight

l'épée
sword

la fée
fairy

la licorne
unicorn

la baguette magique
wand

la couronne
crown

le géant
giant

heureux
happy

le roi
king

la reine
queen

le lutin
elf

grand
big

petit
small

55

Le voyage
Travel

voyager
to travel

le paquebot
cruise ship

le pilote
pilot

l'aéroport
airport

atterrir
to land

le remorqueur
tugboat

la valise
suitcase

le canot
boat

la douane
customs

la circulation
traffic

le bateau
ship

l'hélicoptère
helicopter

voler
to fly

le mécanicien
mechanic

l'avion
airplane

le commandant de bord
captain

décoller
to take off

le passager
passenger

l'aile
wing

la tour de contrôle
control tower

la piste
runway

le passeport
passport

la terrasse d'observation
observation deck

l'escalator
escalator

l'aire d'attente
waiting area

57

Plus de mots
More Words

Mots pour décrire	Words to describe
calme	quiet
chaud(e)	warm
court(e)	short
difficile	difficult
droit(e)	straight
dur(e)	hard
écossais(e)	plaid
ennuyé(e)	bored
épais(se)	thick
étroit(e)	narrow
fâché(e)	angry
facile	easy
fatigué(e)	tired
grand(e)	tall
large	wide
magenta	magenta
mince	thin
occupé(e)	busy
petit(e)	little
triste	sad

Noms	Nouns
agrafes (les)	staples
alphabet (l')	alphabet
argile (l')	clay
automne (l')	autumn
boîte (la)	box
cacahuète (la)	peanut
cercle (le)	circle
chaleur (la)	heat
chapitre (le)	chapter
chewing-gum (le)	gum

couleur (la)	color
cow-boy (le)	cowboy
déjeuner (le)	lunch
enveloppe (l')	envelope
été (l')	summer
examen (l')	test
fermeture éclair (la)	zipper
fin (la)	end
friandise (la)	candy bar
guitare (la)	guitar
haut (le)	top
héros (le)	hero
histoire (l')	story
hiver (l')	winter
fond (le)	bottom
vêtements (les)	clothes
nom (le)	name
note (la)	grade
os (l')	bone
petit déjeuner (le)	breakfast
pile (la)	battery
plafond (le)	ceiling
printemps (le)	spring
promesse (la)	promise
question (la)	question
réponse (la)	answer
salle à manger (la)	dining room
sous-vêtement (le)	underwear
surprise (la)	surprise
tabouret (le)	stool
thé (le)	tea
timbre (le)	stamp
triangle (le)	triangle
vacances (les)	vacation
violon (le)	violin

Verbes	Verbs
aller	to go
avoir	to have
bien aimer	to like
bien aimer	to love
construire	to build
coudre	to sew
dessiner	to draw
deviner	to guess
écouter	to listen
embrasser	to kiss
entendre	to hear
étudier	to study
faire	to do
faire	to make
faire signe de la main	to wave
fermer	to close
nouer	to tie
pleurer	to cry
porter	to wear
pousser	to push
pouvoir	can
prendre	to take
réveiller (se)	to wake up
rêver	to dream
siffler	to whistle
tirer	to pull
toucher	to touch
vivre	to live
voir	to see
vouloir	to want

Les nombres	Numbers
zéro	zero
un(e)	one
deux	two
trois	three
quatre	four
cinq	five
six	six
sept	seven
huit	eight
neuf	nine
dix	ten
onze	eleven
douze	twelve
treize	thirteen
quatorze	fourteen
quinze	fifteen
seize	sixteen
dix-sept	seventeen
dix-huit	eighteen
dix-neuf	nineteen
vingt	twenty
trente	thirty
quarante	forty
cinquante	fifty
soixante	sixty
soixante-dix	seventy
quatre-vingt	eighty
quatre-vingt-dix	ninety
cent	one hundred
deux cents	two hundred
trois cents	three hundred
quatre cents	four hundred
cinq cents	five hundred
six cents	six hundred
sept cents	seven hundred
huit cents	eight hundred
neuf cents	nine hundred
mille	one thousand
un million	one million

Les nombres ordinaux	Ordinal Numbers
premier, première	first
deuxième	second
troisième	third
quatrième	fourth
cinquième	fifth
sixième	sixth
septième	seventh
huitième	eighth
neuvième	ninth
dixième	tenth

Les jours	Days
dimanche	Sunday
lundi	Monday
mardi	Tuesday
mercredi	Wednesday
jeudi	Thursday
vendredi	Friday
samedi	Saturday

Les mois	Months
janvier	January
février	February
mars	March
avril	April
mai	May
juin	June
juillet	July
août	August
septembre	September
octobre	October
novembre	November
décembre	December

Notions de temps	Elements of time
seconde (la)	second
minute (la)	minute
heure (l')	hour
jour (le) / journée (la)	day
semaine (la)	week
mois (le)	month

an (l') / année (l')	year
hier	yesterday
aujourd'hui	today
demain	tomorrow
tôt	early
tard	late

Mots utiles	Useful words
à, chez	at
à elle, le sien, la sienne	hers
à lui, le sien, la sienne	his
à nous, le nôtre, la nôtre	ours
au-dessus de	over
avec	with
c', ce, il	it
dans, en	in
de	of
dehors	outside
elle	she
entre	between
et	and
il	he
ils, elles	they
je	I
le mien, la mienne	mine
leur, les leurs	theirs
leur, leurs	their
Madame	Mrs.
Mademoiselle / Madame	Ms.
mais	but
mon, ma, mes	my
Monsieur	Mr.
non	no
notre	our
nous	we
oui	yes
peut-être	maybe
son, sa	her
son, sa	his
son, sa	its
sous	under
sur	on
vers, à	to

Index

A

aboyer, to bark, 29
abri pour les oiseaux (l'), birdhouse, 28
acheter, to buy, 18
additionner, to add, 25
aéroport (l'), airport, 56
agent de police (l'), police officer, 39
agneau (l'), lamb, 44
agrafeuse (l'), stapler, 25
aïe !, ouch!, 15
aigle (l'), eagle, 46
ail (l'), garlic, 20
aile (l'), wing, 57
aire d'attente (l'), waiting area, 57
allée (l'), aisle, 21
alligator (l'), alligator, 26
allumé, allumée, on (light switch), 10
allumettes (les), matches, 47
ambulance (l'), ambulance, 32
ananas (l'), pineapple, 20
animal (l'), animal, 27
animal en peluche (l'), stuffed animal, 10
anorak (l'), jacket, 48
appareil photo (l'), camera, 4
appartement (l'), apartment, 39
applaudir, to clap, 48
arbre (l'), tree, 42
arc (l'), bow, 31
arc-en-ciel (l'), rainbow, 43
argent (l'), money, 18
armoire à pharmacie (l'), medicine cabinet, 12
arrêt de bus (l'), bus stop, 39
arrêter, to stop, 41
art (l'), art, 35
ascenseur (l'), elevator, 32
aspirateur (l'), vacuum, 15
assiette (l'), plate, 16
astronaute (l'), astronaut, 34
atelier (l'), workshop, 14
atteindre, to reach, 26

atterrir, to land, 56
attraper, to catch, 51
au revoir, good-bye, 38
autoroute (l'), highway, 38
autruche (l'), ostrich, 27
avion (l'), airplane, 57
avoir faim, to be hungry, 22
avoir froid, to be cold, 49

B

bac à sable (le), sandbox, 29
bague (la), ring, 5
baguette magique (la), wand, 55
baignoire (la), bathtub, 13
balai (le), broom, 54
balançoire (la), see-saw, 29
balançoire (la), swing, 29
baleine (la), whale, 52
balle de tennis (la), tennis ball, 50
ballon (le), ball, 36
ballon (le), balloon, 16
ballon de football (le), soccer ball, 50
banane (la), banana, 20
banc (le), bench, 41
bande (la), bandage, 32
bande-dessinée (la), comic book, 11
banque (la), bank, 39
barbe (la), beard, 5
barbe à papa (la), cotton candy, 31
barbecue (le), grill, 47
bas, basse, low, 31
base (la), base, 50
base-ball (le), baseball, 50
basket-ball (le), basketball, 50
basketteur (le), basketteuse (la), basketball player, 50
bateau (le), ship, 57
bateau à voile (le), sailboat, 37
bâtiment (le), building, 39

batte de base-ball (la), baseball bat, 51
beau, handsome, 54
bébé (le), baby, 4
belle, beautiful, 54
berger (le), bergère (la), shepherd, shepherdess, 44
beurre (le), butter, 7
bicyclette (la), bicycle, 14
billet (le), ticket, 31
biscuit (le), cookie, 7
biscuit salé (le), cracker, 22
blanc, blanche, white, 34
blé (le), wheat, 45
bleu clair, light blue, 35
bleu foncé, dark blue, 35
boire, to drink, 22
boisson (la), drink, 36
boîte à outils (la), toolbox, 14
boîte aux lettres (la), mailbox, 41
bonbon (le), candy, 16
bonhomme de neige (le), snowman, 48
bonjour, hello, 39
bottes (les), boots, 48
bouche (la), mouth, 33
bouclier (le), shield, 55
bouée de sauvetage (la), live preserver, 51
bougie (la), candle, 17
bouillir, to boil, 7
boule de neige (la), snowball, 49
bouteille (la), bottle, 22
bracelet (le), bracelet, 5
bras (le), arm, 33
brillant, brillante, shiny, 53
brocoli (le), broccoli, 20
brosse à dents (la), toothbrush, 12
brosser les dents (se), to brush your teeth, 12
brûlé, brûlée, burnt, 7
buisson (le), bush, 28
bulle (la), bubble, 13
bureau (le), desk, 10
bus (le), bus, 39

C

cabane (la), cabin, 42
cabine téléphonique (la), payphone, 39
caddie (le), shopping cart, 21
cadeau (le), present, 17
cadenas (le), padlock, 14
café (le), coffee, 23
cage (la), goal, 49
cage à oiseaux (la), birdcage, 8
cahier (le), notebook, 25
calculatrice (la), calculator, 25
calendrier (le), calendar, 24
calmar (le), squid, 52
caméscope (le), video camera, 17
camion (le), truck, 38
camion de pompiers (le), fire engine, 39
campagne (la), countryside, 42
camping (le), camping, 46
canapé (le), couch, 9
canard (le), duck, 44
canne (la), walking stick, 46
canot (le), boat, 56
carotte (la), carrot, 20
carte (la), menu, 23
carte (la), map, 46
carte d'anniversaire (la), birthday card, 17
cascade (la), waterfall, 46
casque (le), helmet, 29
casque (le), headphones, 8
casquette (la), cap, 46
casser, to break, 48
casserole (la), pot, 7
cassette (la), cassette tape, 8
castor (le), beaver, 46
ceinture (la), belt, 19
céleri (le), celery, 20
centre commercial (le), shopping center, 18
céréales (les), cereal, 21
cerf (le), deer, 46
cerf-volant (le), kite, 29
cerise (la), cherry, 20

forêt (la), forest, 54
forêt enchantée (la),
    enchanted forest, 54
fort, forte, strong, 26
fort, forte, loud, 39
four (le), oven, 6
fourchette (la), fork, 16
fourgonnette (la), van, 38
fourmi (la), ant, 28
fraise (la), strawberry, 41
frapper, to hit, 51
frère (le), brother, 5
frisbee (le), Frisbee®, 29
fromage (le), cheese, 7
fruit (le), fruit, 20
fumée (la), smoke, 47
fusée (la), rocket, 34

G

gant de base-ball (le),
    baseball glove, 51
gant de toilette (le),
    washcloth, 12
gants (les), gloves, 49
garçon (le), boy, 5
gardien (le), gardienne (la),
    guard, 34
gardien de but (le), goalie,
    49
gardien de zoo (le),
    gardienne (la), zoo keeper,
    27
gâteau (le), cake, 17
gazelle (la), gazelle, 27
géant (le), giant, 55
genou (le), knee, 33
girafe (la), giraffe, 27
glace (la), ice cream, 41
glace (la), ice, 49
glace (la), mirror, 12
glacier (le), ice cream shop,
    41
glacière (la), cooler, 36
globe (le), globe, 25
gorille (le), gorilla, 26
grand, grande, big, 55
grande ville (la), city, 38
grande-roue (la), Ferris
    wheel, 31
grand-mère (la), grandma, 4
grand-père (le), grandpa, 4
grange (la), barn, 45
gratter, to scratch, 26
grenouille (la), frog, 44
grille-pain (le), toaster, 7
grimper, to climb, 26

gris, grise, gray, 35
grotte (la), cave, 53
guide (le, la), guide, 26

H

hanche (la), hip, 33
haricot (le), bean, 21
haut, haute, high, 31
haut-parleurs (les),
    loudspeakers, 31
hélicoptère (l'), helicopter, 57
herbe (l'), grass, 29
heureux, heureuse, happy,
    55
hippocampe (l'), seahorse, 53
hippopotame (l'),
    hippopotamus, 26
homard (le), lobster, 53
homme (l'), man, 5
homme-grenouille (l'), scuba
    diver, 53
hôpital (l'), hospital, 32
horloge (l'), clock, 39
hôtel (l'), hotel, 38

I

île (l'), island, 36
imperméable (l'), raincoat, 42
incendie (l'), fire, 39
infirmier (l'), nurse, 33
infirmière (l'), nurse, 32
interrupteur (l'), light switch,
    11

J

jambe (la), leg, 33
jardin (le), garden, 45
jardinier (le), jardinière (la),
    gardener, 45
jaune, yellow, 35
jean (le), jeans, 19
jeu (le), game, 16
jouer, to play, 36
jouer, to play, 8
jouer à cache-cache, to play
    hide and seek, 28
jouets (les), toys, 11
joueur de base-ball (le),
    joueuse (la), baseball
    player, 51
joueur de hockey (le),
    joueuse (la), hockey
    player, 49

journal (le), newspaper, 9
jumelles (les), binoculars, 46
jupe (la), skirt, 18
jus d'orange (le), orange
    juice, 7

L

lait (le), milk, 6
laitue (la), lettuce, 20
lampadaire (le), lamp, 9
lampe (la), light, 10
lampe de poche (la),
    flashlight, 46
lancer, to throw, 51
lapin (le), rabbit, 43
lavabo (le), sink, 12
laver (se), to wash, 12
lecteur de CD (le), CD player,
    8
léger, légère, light, 26
légume (le), vegetable, 20
léopard (le), leopard, 27
lettre (la), letter, 41
licorne (la), unicorn, 55
lion (le), lion, 27
lionceau (le), cub, 27
lionne (la), lioness, 27
lire, to read, 24
lit (le), bed, 11
livre (le), book, 24
lotion solaire (la), suntan
    lotion, 36
loup (le), wolf, 54
lourd, lourde, heavy, 26
luge (la), sled, 49
lune (la), moon, 34
lunettes (les), goggles, 48
lunettes (les), glasses, 19
lunettes de soleil (les),
    sunglasses, 36
lutin (le), elf, 55

M

magasin (le), store, 38
magazine (le), magazine, 9
magicien (le), magicienne
    (la), magician, 30
magnétophone (le), tape
    player, 8
magnétoscope (le), VCR, 9
maillot de bain (le), swimsuit,
    37
main (la), hand, 33
mairie (la), town hall, 41
maïs (le), corn, 45

maison (la), house, 40
maison hantée (la), haunted
    house, 30
maître (le), maîtresse (la),
    teacher, 24
maman (la), mom, 4
manège (le), carousel, 31
manger, to eat, 23
manteau (le), coat, 49
marcher, to walk, 38
mari (le), husband, 5
marionnette (la), puppet, 31
marron, brown, 34
marteau (le), hammer, 15
masque de plongée (le),
    diving mask , 36
mathématiques (les), math,
    25
mécanicien (le), mécanicienne
    (la), mechanic, 57
médicament (le), medicine,
    32
méduse (la), jelly fish, 52
mélanger, to mix, 6
menton (le), chin, 33
métro (le), subway, 38
mettre, to put, 23
micro (le), microphone, 31
micro-ondes (le), microwave
    oven, 6
miel (le), honey, 6
momie (la), mummy, 35
monnaie (la), change, 18
monoski (le), snowboard, 49
monstre (le), monster, 30
montagne (la), mountain, 43
montagnes russes (les), roller
    coaster, 30
monter à cheval, to ride, 44
montre (la), watch, 5
morse (le), walrus, 52
moto (la), motorcycle, 41
mouette (la), seagull, 37
moufles (les), mittens, 49
mouillé, mouillée, wet, 13
mouton (le), sheep, 44
multiplier, to multiply, 25
mur (le), wall, 11
musée (le), museum, 34
musique (la), music, 10

N

nager, to swim, 36
nappe (la), tablecloth, 23
neige (la), snow, 48
nez (le), nose, 33

nid (le), nest, 46
noeud (le), bow, 17
noir, noire, black, 35
noix (la), nut, 28
nombre (le), number, 24
nourriture (la), food, 7
nuage (le), cloud, 43
nuageux, cloudy, 42

O

océan (l'), ocean, 52
oeil (l'), eye, 33
oeuf (l'), egg, 7
oie (l'), goose, 44
oignon (l'), onion, 20
oiseau (l'), bird, 43
oncle (l'), uncle, 4
orage (l'), storm, 42
orange, orange, 35
orange (l'), orange, 20
ordinateur (l'), computer, 24
oreille (l'), ear, 33
oreiller (l'), pillow, 11
orteil (l'), toe, 33
ours (l'), bear, 27
ours polaire (l'), polar bear, 27
outils (les), tools, 15
ouvert, ouverte, open, 52
ouvrir, to open, 17

P

pain (le), bread, 22
pain grillé (le), toast, 7
palet (le), puck, 49
palmes (les), fins, 36
palmier (le), palmtree, 37
panier (le), basket, 50
panier de pique-nique (le), picnic basket, 28
pantalon (le), pants, 19
papa (le), dad, 4
papier cadeau (le), wrapping paper, 17
papier toilette (le), toilet paper, 13
papillon (le), butterfly, 43
paquebot (le), cruise ship, 56
parapluie (le), umbrella, 42
parc (le), park, 28
parc d'attractions (le), amusement park, 30
parfum (le), perfume, 12
parler, to talk, 39
partager, to share, 23

passager (le), passagère (la), passenger, 57
passeport (le), passport, 57
pastel (le), crayon, 24
pastèque (la), watermelon, 20
patins à glace (les), ice skates, 49
patins à roulettes (les), roller skates, 28
payer, to pay, 20
pêcher, to fish, 53
pêcheur (le), fisherman, 53
peigne (le), comb, 12
peignoir (le), bathrobe, 12
peindre, to paint, 40
peintre (le), painter, 40
pelle (la), shovel, 48
penderie (la), clothes hanger, 11
penser, to think, 25
perceuse (la), drill, 14
petit, petite, small, 55
phare (le), lighthouse, 36
phoque (le), seal, 52
photo (la), photograph, 8
piano (le), piano, 8
pied (le), foot, 33
pieuvre (la), octopus, 53
pilote (le), pilot, 56
pince (la), pliers, 14
pinceau (le), paintbrush, 40
pique-nique (le), picnic, 28
piscine (la), swimming pool, 51
piste (la), runway, 57
pistolet à eau (le), water gun, 36
pizza (la), pizza, 23
placard (le), closet, 11
placard (le), cupboard, 6
plage (la), beach, 36
planche à roulettes (la), skateboard, 29
planche de surf (la), surfboard, 36
plante (la), plant, 9
plâtre (le), cast, 32
pleuvoir, to rain, 42
plongeoir (le), diving board, 51
plonger, to dive, 37
pluie (la), rain, 42
poche (la), pocket, 19
poêle à frire (la), frying pan, 7
poignet (le), wrist, 33
poire (la), pear, 20

pois (les), polka dots, 35
poisson (le), fish, 52
poisson (le), fish, 21
poitrine (la), chest, 33
poivre (le), pepper, 23
poivron vert (le), green pepper, 20
pomme (la), apple, 20
pompier (le), firefighter, 39
pont (le), bridge, 43
porc-épic (le), porcupine, 46
porte (la), door, 8
portefeuille (le), wallet, 19
poste (la), post office, 41
poster (le), poster, 10
pot de fleurs (le), flowerpot, 14
poubelle (la), garbage can, 40
pouce (le), thumb, 33
poulailler (le), chicken coop, 45
poulain (le), colt, 44
poule (la), hen, 45
poulet (le), chicken, 22
poupée (la), doll, 10
pourpre, purple, 35
prendre des photos, to take photos, 27
prendre une douche, to take a shower, 13
prince (le), prince, 54
princesse (la), princess, 54
prise électrique (la), electric socket, 15
prix (le), price, 18
propre, clean, 12
prune (la), plum, 20
puits (le), well, 44
pull-over (le), sweater, 48
putois (le), skunk, 47
pyjama (le), pajamas, 10
pyramide (la), pyramid, 35

Q

queue (la), tail, 27

R

radio (la), radio, 10
radio (la), x-ray, 33
raisin (le), grape, 20
raquette de tennis (la), tennis racket, 50
rasoir électrique (le), electric razor, 12

râteau (le), rake, 14
raton laveur (le), raccoon, 47
rayon (le), shelf, 21
rayures (les), stripes, 35
réfrigérateur (le), refrigerator, 7
règle (la), ruler, 15
reine (la), queen, 55
remonter la fermeture éclair, to zip up, 18
remorqueur (le), tugboat, 56
renard (le), fox, 43
renverser, to spill, 6
réparer, to repair, 14
requin (le), shark, 52
restaurant (le), restaurant, 22
réveille-matin (le), alarm clock, 11
rhinocéros (le), rhinoceros, 27
rideau (le), curtain, 9
rivière (la), river, 43
riz (le), rice, 21
robe (la), dress, 18
robinet (le), faucet, 13
rocher (le), rock, 37
roi (le), king, 55
rollers (les), in-line skates, 29
rose, pink, 35
rôtir, to roast, 6
roue (la), wheel, 14
rouge, red, 35
ruban (le), ribbon, 17
rue (la), street, 39
rugir, to roar, 27

S

sable (le), sand, 37
sac (le), bag, 21
sac à dos (le), backpack, 25
sac à main (le), purse, 18
sac de couchage (le), sleeping bag, 47
salade (la), salad, 22
saladier (le), bowl, 6
sale, dirty, 13
salle de bains (la), bathroom, 12
salle de classe (la), classroom, 24
salon (le), living room, 8
salon de coiffure (le), barbershop, 40
salut, hi, 39
sandale (la), sandal, 36
sandwich (le), sandwich, 28